Der Fliegende Hollaender

The Flying Dutchman

Richard Wagner

Alpha Editions

This edition published in 2022

ISBN : 9789356901155

Design and Setting By
Alpha Editions
www.alphaedis.com
Email - info@alphaedis.com

ERSTER AKT.

ERSTER AUFTRITT.

MATROSEN.

Hohoje! Hohoje! Halloho! u. s. w.

DALAND.

Kein Zweifel! Sieben Meilen fort
Trieb uns der Sturm vom sichern Port.
So nah' dem Ziel nach langer Fahrt,
War mir der Streich noch aufgespart!

STEUERMANN.

Ho! Capitän!

DALAND.

Am Bord bei Euch, wie steht's?

STEUERMANN.

Gut, Capitän! Wir sind auf sicherm Grund.

DALAND.

's ist Sandwyk-Strand, genau kenn' ich die Bucht. —
Verwünscht! schon sah am Ufer ich mein Haus,
Senta, mein Kind, glaubt' ich schon zu umarmen.
Da bläst er aus dem Teufels-Loch heraus. . . .
Wer baut auf Wind, baut auf Satans Erbarmen!
Was hilft's? der Sturm lässt nach, —
Wenn so er tobte, währt's nicht lang.
He! Bursche! lange war't ihr wach;
Zur Ruhe denn, mir ist's nicht bang!
Nun, Steuermann! die Wache nimmst Du wohl für mich?
Gefahr ist nicht, doch gut ist's, wenn Du wachst.

STEUERMANN.

Seid ausser Sorg'! Schlaft ruhig, Capitän!

STEUERMANN.

Mit Gewitter und Sturm aus fernem Meer —
Mein Mädel, bin dir nah'.
Über thurmhohe Fluth vom Süden her —
Mein Mädel, ich bin da!
Mein Mädel, wenn nicht Südwind wär',
Ich nimmer wohl kam' zu Dir; —
Ach, lieber Südwind! blas' noch mehr,
Mein Mädel verlangt nach mir!
Hohohe! Jolohe! Hoho! Ho! Ho! etc.
Von des Südens Gestad', aus weitem Land' —
Ich hab' an Dich gedacht;
Durch Gewitter und Meer vom Mohrenstrand
Hab' ich Dir was mitgebracht.
Mein Mädel, preis' den Südwind hoch.
Ich bring' Dir ein gülden Band; —
Ach, lieber Südwind, blase doch!
Mein Mädel hätt' gern den Tand.
Hoho! Ho jolohe! etc.

ZWEITE SCENE.

HOLLAENDER.

Die Frist ist um, und abermals verstrichen
Sind sieben Jahr! — Voll Überdruss wirft mich
Das Meer an's Land. . . Ha, stolzer Ocean!
In kurzer Frist sollst du mich wieder tragen!
Dein Trotz ist beugsam — doch ewig meine Qual.
Das Heil, das auf dem Land ich suche, nimmer
Werd' ich es finden! Euch, des Weltmeers Fluthen,

Bleib' ich getreu, bis eure letzte Welle
Sich bricht und euer letztes Nass versiegt!
Wie oft in Meeres tiefsten Schlund
Stürzt' ich voll Sehnsucht mich hinab,
Doch ach! den Tod, ich fand ihn nicht!
Da, wo der Schiffe furchtbar Grab,
Trieb *mein* Schiff ich zum Klippengrund,
Doch ach! mein Grab, es schloss sich nicht!
Verhöhnend droht' ich dem Piraten,
Im wilden Kampfe hofft' ich Tod:—
„Hier — rief ich — zeige deine Thaten!
Von Schätzen voll ist Schiff und Boot!"
Doch ach! des Meers barbar'scher Sohn
Schlägt bang' das Kreuz und flieht davon!
Nirgends ein Grab! Niemals der Tod!
Dies der Verdammniss Schreck-Gebot.
Dich frage ich, gepries'ner Engel Gottes,
Der meines Heils Bedingung mir gewann,
War ich Unsel'ger Spielwerk Deines Spottes,
Als die Erlösung Du mir zeigtest an?
— Vergebne Hoffnung! Furchtbar eitler Wahn!
Um ew'ge Treu' auf Erden ist's gethan! —
Nur *eine* Hoffnung soll mir bleiben,
Nur *eine* unerschüttert stehn!
So lang' der Erde Keim' auch treiben,
So muss sie doch zu Grunde gehn.
Tag des Gerichtes, jüngster Tag!
Wann brichst du an in meiner Nacht?

Wann dröhnt er, der Vernichtungsschlag;

Mit dem die Welt zusammenkracht?

Wann alle Todten auferstehn,

Dann werde ich in Nichts vergehn!

Ihr Welten, endet euren Lauf!

Ew'ge Vernichtung, nimm mich auf!

CHOR.

Ew'ge Vernichtung, nimm uns auf!

DRITTE SCENE.

DALAND.

He! Holla! Steuermann!

STEUERMANN.

's ist nichts! 's ist nichts! —

Ach, lieber Südwind, blas' noch mehr,

Mein Mädel. . . . .

DALAND.

Du siehst nichts? Gelt! Du wachest brav, mein Bursch! Dort liegt ein Schiff! — Wie lange schliefst Du schon?

STEUERMANN.

Zum Teufel auch! — Verzeiht mir, Capitän!

Werda! Werda!

DALAND.

Es scheint, sie sind gerad so faul als wir.

STEUERMANN.

Gebt Antwort! Schiff und Flagge!

DALAND.

Lass sein. Mich dünkt, ich seh den Capitän. — He! Holla! Seemann! Nenne Dich! Wess Landes?

HOLLAENDER.

Weit komm' ich her. Verwehrt bei Sturm und Wetter Ihr mir den Ankerplatz?

DALAND.

Behüt' es Gott! Gastfreundschaft kennt der Seemann. — Wer bist Du?

HOLLAENDER.

Holländer.

DALAND.

Gott zum Gruss! — So trieb auch Dich

Der Sturm an diesen nackten Felsenstrand?

Mir ging's nicht besser, wenig Meilen nur

Von hier ist meine Heimath; fast erreicht,

Musst' ich auf's Neu' mich von ihr wenden. — Sag',

Woher kommst Du? Hast Schaden Du genommen?

HOLLAENDER.

Mein Schiff ist fest, es leidet keinen Schaden. — —

Durch Sturm und bösen Wind verschlagen,

Irr' auf den Wassern ich umher; —

Wie lange? weiss ich kaum zu sagen,

Schon zähl' ich nicht die Jahre mehr.

Unmöglich dünkt mich's, dass ich nenne

Die Länder alle, die ich fand:

Das Einz'ge nur, nach dem ich brenne,

Ich find' es nicht; mein Heimathland!

Vergönne mir auf kurze Frist Dein Haus,

Und Deine Freundschaft soll Dich nicht gereu'n,

Mit Schätzen aller Gegenden und Zonen

Ist reich mein Schiff beladen:— willst Du handeln,

So sollst Du sicher Deines Vortheils sein.

DALAND.

Wie wunderbar! Soll Deinem Wort ich glauben?
Ein Unstern, scheint's, hat Dich bis jetzt verfolgt.
Um Dir zu dienen, biet' ich, was ich kann;
Doch — darf ich fragen, was Dein Schiff enthält?

HOLLAENDER.

Die seltensten der Schätze sollst Du sehn,
Kostbare Perlen, edelstes Gestein.
Blick' hin und überzeuge Dich vom Werthe
Des Preises, den ich für ein gastlich Dach
Dir biete!

DALAND.

Wie? Ist's möglich? Diese Schätze!
Wer ist so reich, den Preis dafür zu bieten?

HOLLAENDER.

Den Preis? So eben hab' ich ihn genannt:
Dies für das Obdach einer einz'gen Nacht!
Doch was Du siehst, ist nur der kleinste Theil
Von dem, was meines Schiffes Raum verschliesst.
Was frommt der Schatz? Ich habe weder Weib
Noch Kind, und meine Heimath find' ich nie.
All' meinen Reichthum biet' ich Dir, wenn bei
Den Deinen Du mir neue Heimath giebst.

DALAND.

Was muss ich hören?

HOLLAENDER.

Hast Du eine Tochter?

DALAND.

Fürwahr, ein theures Kind.

HOLLAENDER.

Sie sei mein Weib!

DALAND.

Wie? Hör' ich recht? Meine Tochter sein Weib?
Er selbst spricht aus den Gedanken:—
Fast fürcht' ich, wenn unentschlossen ich bleib',
Er müsst' im Vorsatze wanken.
Wüsst' ich, ob ich wach' oder träume!
Kann ein Eidam willkommener sein?
Ein Thor, wenn das Glück ich versäume;
Voll Entzücken schlage ich ein.

HOLLAENDER.

Ach, ohne Weib, ohne Kind bin ich,
Nichts fesselt mich an die Erde.
Rastlos verfolgte das Schicksal mich,

Die Qual nur war mein Gefährte.
Nie werd' ich die Heimath erreichen;
Zu was frommt mir der Güter Gewinn?
Lässt Du zu dem Bund Dich erweichen,
O, so nimm meine Schätze dahin!

DALAND.

Wohl, Fremdling, hab' ich eine schöne Tochter,
Mit treuer Kindeslieb' ergeben mir;
Sie ist mein Stolz, das höchste meiner Güter,
Mein Trost im Unglück, meine Freud' im Glück.

HOLLAENDER.

Dem Vater stets bewahr' sie ihre Liebe,
Ihm treu, wird sie auch treu dem Gatten sein.

DALAND.

Du giebst Juwelen, unschätzbare Perlen,
Das höchste Kleinod doch, ein treues Weib. . .

HOLLAENDER.

Du giebst es mir?

DALAND.

Ich gebe Dir mein Wort.
Mich rührt Dein Loos; freigebig, wie Du bist,
Zeigst Edelmuth und hohen Sinn Du mir:—
Den Eidam wünscht' ich so, und wär' Dein Gut
Auch nicht so reich, wählt' ich doch keinen Andern.

HOLLAENDER.

Hab' Dank! Werd' ich die Tochter heut' noch sehn?

DALAND.

Der nächste günst'ge Wind führt uns nach Haus.
Du sollst sie sehn, und wenn sie Dir gefällt —

HOLLAENDER.

So ist sie mein. . . Wird sie mein Engel sein?
Wenn aus der Qualen Schreckgewalten
Die Sehnsucht nach dem Heil mich treibt,
Ist mir's erlaubt, mich fest zu halten
An *einer* Hoffnung, die mir bleibt.
Darf ich in jenem Wahn noch schmachten,
Dass sich ein Engel mir erweicht?
Der Qualen, die mein Haupt umnachten,
Ersehntes Ziel hätt' ich erreicht.
Ach! ohne Hoffnung wie ich bin,
Geb' ich mich doch der Hoffnung hin!

DALAND.

Gepriesen seid, des Sturms Gewalten,
Die ihr an diesen Strand mich triebt.
Fürwahr! Blos brauch ich festzuhalten,
Was sich so schön von selbst mir giebt.
Die ihn an diese Küste brachten
Ihr Winde sollt gesegnet sein!
Ja, wonach alle Väter trachten,
Ein reicher Eidam, er ist mein.
Dem Mann mit Gut und hohem Sinn
Geb' froh ich Haus und Tochter hin!

STEUERMANN.

Südwind! Südwind!
Ach! lieber Südwind, blas' noch mehr!

MATROSEN.

Holloje! Hollajo!

DALAND.

Du siehst, das Glück ist günstig Dir:
Der Wind ist gut, die See in Ruh'.
Sogleich die Anker lichten wir
Und segeln schnell der Heimath zu.

MATROSEN.

Hohohe! Hohohe! Halloho! Jo! etc.

HOLLAENDER.

Darf ich Dich bitten, segelst Du voran;
Der Wind ist frisch, doch, meine Mannschaft müd',
Ich gönn' ihr kurze Ruh', und folge dann.

DALAND.

Doch unser Wind?

HOLLAENDER.

Er bläst noch lang' aus Süd',
Mein Schiff ist schnell, es holt Dich sicher ein.

DALAND.

Du glaubst? Wohlan! Es möge denn so sein.
Leb' wohl! mögst heute Du mein Kind noch sehn!

HOLLAENDER.

Gewiss!

DALAND.

Hei! Wie die Segel schon sich bläh'n!
Hallo! Hallo! Frisch, Jungen! Greifet an!

MATROSEN.

Mit Gewitter und Sturm aus fernem Meer.
Mein Mädel, bin Dir nah!
Ueber thurmhohe Fluth, vom Süden her —
Mein Mädel, ich bin da!
Mein Mädel, wenn nicht Südwind wär',
Ich nimmer wohl käm' zu Dir!
Ach, lieber Südwind, blas' noch mehr!
Mein Mädel verlangt nach mir!
Hohoje! Halloho! Hoho! Ho! Ho! Ho!

ZWEITER ACT.

ERSTE SCENE.

MAEDCHEN.

Summm und brumm, du gutes Rädchen,
Munter, munter dreh' dich um!
Spinne, spinne tausend Fädchen,
Gutes Rädchen, summ' und brumm!
Mein Schatz ist auf dem Meere draus,
Er denkt nach Haus

An's fromme Kind:
Mein gutes Rädchen saus' und braus'!
Ach, gäbst du Wind,
Er kam' geschwind!
Spinnt, spinnt!
Fleissig, Mädchen!
Summ, brumm,
Gutes Rädchen!

MARY.

Ei! Fleissig, fleissig, wie sie spinnen!
Will jede sich den Schatz gewinnen.

MAEDCHEN.

Frau Mary, still! denn wohl Ihr wisst,
Das Lied noch nicht zu Ende ist.

MARY.

So singt! dem Rädchen lässt's nicht Ruh'.
Du aber, Senta, schweigst dazu?

MAEDCHEN.

Summm und brumm, du gutes Rädchen,

Munter, munter dreh' dich um!

Spinne, spinne tausend Fädchen,

Gutes Rädchen, summ und brumm!

Mein Schatz da draussen auf dem Meer

Im Süden er

Viel Gold gewinnt.

Ach, gutes Rädchen, braus' noch mehr!

Er giet's dem Kind,

Wenn's fleissig spinnt.

Spinnt, spinnt!

Fleissig, Mädchen!

Summ, brumm,

Gutes Rädchen!

MARY.

Du böses Kind, wenn Du nicht spinnst,

Vom Schatz Du kein Geschenk gewinnst!

MAEDCHEN.

Sie hat's nicht noth, dass sie sich eilt,

Ihr Schatz nicht auf dem Meere weilt;

Bringt er nicht Gold, bringt er doch Wild,

Man weiss ja, was ein Jäger gilt!

MARY.

Da seht Ihr's! Immer vor dem Bild! —

Wirst Du Dein ganzes junges Leben

Verträumen vor dem Conterfei?

SENTA.

Was hast Du Kunde mir gegeben,

Was mir erzählet, wer es sei!

Der arme Mann!

MARY.

Gott sei mit Dir!

MAEDCHEN.

Ei, ei! Ei, ei! Was hören wir?
Sie seufzet um den bleichen Mann.

MARY.

Den Kopf verliert sie noch darum.

MAEDCHEN.

Da sieht man, was ein Bild doch kann!

MARY.

Nichts hilft es, wenn ich täglich brumm':
Komm', Senta! wend' Dich doch herum!

MAEDCHEN.

Sie hört Euch nicht, — sie ist verliebt.
Ei, ei! Wenn's nur nicht Händel giebt!
Erik ist gar ein heisses Blut,
Dass er nur keinen Schaden thut!
Sagt nichts, er schiesst sonst wuthentbrannt
Den Nebenbuhler von der Wand.

SENTA.

O schweigt! Mit Eurem tollen Lachen
Wollt Ihr mich ernstlich böse machen?

MAEDCHEN.

Summ und brumm, du gutes Rädchen,
Munter, munter dreh' dich um!
Spinne, spinne tausend Fädchen,
Gutes Rädchen, brumm und summ!

SENTA.

O macht dem tollen Lied ein Ende,
Es summt und brummt mir vor dem Ohr!

Wollt Ihr, dass ich mich zu Euch wende,
So sucht was Besseres hervor!

MAEDCHEN.

Gut, singe Du!

SENTA.

Hört, was ich rathe.
Frau Mary singt uns die Ballade.

MARY.

Bewahre Gott! das fehlte mir!
Den fliegenden Holländer lasst in Ruh'.

SENTA.

Wie oft doch hört' ich sie von Dir!
Ich sing' sie selbst, hört, Mädchen, zu.
Lasst mich's Euch recht zu Herzen führen,
Des Aermsten Loos, es muss Euch rühren.

MAEDCHEN.

Uns ist es recht.

SENTA.

Merkt auf die Wort'!

MAEDCHEN.

Dem Spinnrad Ruh'!

MARY.

Ich spinne fort.

SENTA.

Johohoe! Johohohoe! etc. etc.
Traft ihr das Schiff im Meere an,

Blutroth die Segel, schwarz der Mast?
Auf hohem Bord der bleiche Mann,
Des Schiffes Herr, wacht ohne Rast.
Hui! Wie saust der Wind! — Johohe!
Hui! Wie pfeift's im Tau! — Johohe!
Hui! Wie ein Pfeil fliegt er hin — ohne Ziel — ohne Rast — ohne Ruh!
Doch kann dem bleichen Manne Erlösung einst noch werden,
Fänd' er ein Weib, das bis in den Tod getreu ihm auf Erden.
Ach, wann wirst du bleicher Seemann, sie finden!

Betet zum Himmel, dass bald
Ein Weib Treue ihm halt'!
Bei bösem Wind und Sturmes Wuth
Umsegeln wollt' er einst ein Cap;
Er flucht' und schwur in tollem Muth:
„In Ewigkeit lass' ich nicht ab!" —
Hui! — Und Satan hört's — Johohe!
Hui! — Nahm ihn bei'm Wort! — Johohe!
Hui! Und verdammt zieht er nun durch das Meer, ohne Rast, ohne Ruh'.
Doch, dass der arme Mann noch Erlösung fände auf Erden,
Zeigt' Gottes Engel an, wie sein Heil ihm einst könne werden!
Ach! möchtest Du, bleicher Seemann, es finden!
Betet zum Himmel, dass bald
Ein Weib Treue ihm halt'! —
Vor Anker alle sieben Jahr,
Ein Weib zu frei'n, ging er an's Land.
Er freite alle sieben Jahr,
Noch nie ein treues Weib er fand. —
Hui! „die Segel auf!" — Johohe!

Hui! „den Anker los!" — Johohe!

Hui! falsche Lieb', falsche Treu'! Auf in See! Ohne Rast, ohne Ruh!

MAEDCHEN.

Ach, wo weilt sie, die Dir Gottes Engel einst könne zeigen?

Wo triffst Du sie, die bis in den Tod Dein bliebe treueigen?

SENTA.

Ich sei das Weib! Meine Treu' soll Dich erlösen!

Mög' Gottes Engel mich Dir zeigen;

Durch mich sollst Du das Heil erreichen!

MARY UND DIE MAEDCHEN.

Hilf Himmel! Senta! Senta!

ERIK.

Senta! Senta! Willst Du mich verderben?

MAEDCHEN.

Hilf uns, Erik, sie ist von Sinnen!

MARY.

Vor Schreck fühl' ich mein Blut gerinnen!

Abscheulich Bild, Du sollst hinaus,

Kommt nur der Vater erst nach Haus!

ERIK.

Der Vater kommt.

SENTA.

Der Vater kommt?

ERIK.

Vom Fels sah ich sein Schiff sich nahen.

MARY.

Nun seht, zu was Euer Treiben frommt!

Im Hause ist noch nichts gethan.

MAEDCHEN.

Sie sind daheim! — Auf, eilt hinaus!

MARY.

Halt! Halt! Ihr bleibet fein im Haus!

Das Schiffsvolk kommt mit leerem Magen! —

In Küch' und Keller! Säumet nicht!

Lasst Euch nur brav die Neugier plagen,

Vor Allem geht an Eure Pflicht!

ZWEITE SCENE.

ERIK.

Bleib', Senta! Bleib' nur einen Augenblick!

Aus meinen Qualen reisse mich! Doch willst Du —

Ach! so verdirb mich ganz!

SENTA.

Was soll's, Erik. . . ?

ERIK.

O Senta, sprich, was aus mir werden soll?

Dein Vater kommt, — eh' wieder er verreist

Wird er vollbringen, was schon oft er wollte. . .

SENTA.

Und was, Erik?

ERIK.

Dir einen Gatten geben. —

Mein Herz voll Treue bis zum Sterben,

Mein dürftig Gut, mein Jägerglück:—

Darf so um Deine Hand ich werben,

Stösst mich Dein Vater nicht zurück?

Wenn sich mein Herz in Jammer bricht,

Sag', Senta, wer dann für mich spricht?

SENTA.

O schweige jetzt, Erik! Lass mich hinaus,
Den Vater zu begrüssen!
Wenn nicht, wie sonst, an Bord die Tochter kommt,
Wird er nicht zürnen müssen?

ERIK.

Du willst mich fliehn?

SENTA.

Ich muss zum Port.

ERIK.

Du weichst mir aus?

SENTA.

Ach! lass mich fort!

ERIK.

Fliehst Du zurück vor dieser Wunde,
Die Du mir schlugst, den Liebeswahn?
O höre mich zu dieser Stunde,
Hör' meine letzte Frage an!
Wenn dieses Herz in Jammer bricht,
Wird's Senta sein, die für mich spricht?

SENTA.

Wie? zweifelst Du an meinem Herzen?
Du zweifelst, ob ich gut Dir bin? —
Doch sag', was weckt Dir solche Schmerzen?
Was trübt mit Argwohn Deinen Sinn?

ERIK.

Dein Vater — ach! nach Schätzen geizt er nur. . .

Und Senta, Du! Wie dürft' auf Dich ich zählen?
Erfülltest Du nur eine meiner Bitten?
Kränkst Du mein Herz nicht jeden Tag?

SENTA.

Dein Herz?

ERIK.

Was soll ich denken. Jenes Bild. . .

SENTA.

Das Bild?

ERIK.

Lässt Du von Deiner Schwärmerei wohl ab?

SENTA.

Kann meinem Blick Theilnahme ich verwehren?

ERIK.

Und die Ballade, heut noch sangst Du sie!

SENTA.

Ich bin ein Kind und weiss nicht was ich singe. . . !
Erik, sag'! fürchtest Du ein Lied, ein Bild?

ERIK.

Du bist so bleich. . . sag', sollt ich es nicht fürchten?

SENTA.

Soll mich des Aermsten Schreckensloos nicht rühren?

ERIK.

Mein Leiden, Senta, rührt es Dich nicht mehr?

SENTA.

O! schweige doch. Was kann Dein Leiden sein?
Kennst jenes Unglücksel'gen Schicksal Du?

Fühlst Du den Schmerz, den tiefsten Gram,

Mit dem herab auf mich er sieht?
Ach, was die Ruh' ihm ewig nahm,
Wie schneidend Weh durch's Herz mir zieht!

ERIK.

Weh' mir! Es mahnt mich ein unsel'ger Traum!
Gott schütze Dich! Satan hat Dich umgarnt.

SENTA.

Was schreckt Dich so?

ERIK.

Senta, lass Dir vertrau'n:—
Ein Traum ist's, — höre ihn zur Warnung an:
Auf hohem Felsen lag ich träumend,
Sah unter mir des Meeres Fluth;
Die Brandung hört' ich, wie sich schäumend
Am Ufer brach der Wogen Wuth:—
Ein fremdes Schiff am nahen Strande
Erblickt ich, seltsam, wunderbar:—
Zwei Männer nahten sich dem Lande,
Der Ein', ich sah's, Dein Vater war. . .

SENTA.

Der Andre?

ERIK.

Wohl erkannt' ich ihn:
Mit schwarzem Wams und bleicher Mien'.

SENTA.

Und düst'rem Aug'. . .

ERIK.

Der Seemann, er.

SENTA.

Und ich?

ERIK.

Du kamst vom Hause her,

Du flogst den Vater zu begrüssen;

Doch kaum noch sah ich an Dich langen,

Du stürztest zu des Fremden Füssen —

Ich sah Dich seine Knie umfangen. . .

SENTA.

Er hob mich auf. . .

ERIK.

An seine Brust; —

Voll Inbrunst hingst Du Dich an ihn,

Du küsstest ihn mit heisser Lust —

SENTA.

Und dann. . . ?

ERIK.

Sah ich auf's Meer Euch fliehn.

SENTA.

Er sucht mich auf! Ich muss ihn sehn!

Mit ihm muss ich zu Grunde gehn!

ERIK.

Entsetzlich! Ha, mir wird es klar;

Sie ist dahin! Mein Traum sprach wahr!

SENTA.

Ach, wo weilt sie etc. etc.

DRITTE SCENE.

DALAND.

Mein Kind, Du siehst mich auf der Schwelle. . .

Wie? kein Umarmen? keinen Kuss?

Du bleibst gebannt an Deiner Stelle. . .

Verdien' ich, Senta, solchen Gruss?

SENTA.

Gott Dir zum Gruss! — Mein Vater sprich!

Wer ist der Fremde?

DALAND.

Drängst Du mich?

Mögst Du, mein Kind, den fremden Mann willkommen heissen!

Seemann ist er, gleich mir, das Gastrecht spricht er an;

Lang' ohne Heimath, stets auf fernen, weiten Reisen.

In fremden Landen er der Schätze viel gewann.

Aus seinem Vaterland verwiesen,

Für einen Herd er reichlich lohnt;

Sprich, Senta, würd' es Dich verdriessen,

Wenn dieser Fremde bei uns wohnt?

Sagt, hab' ich sie zu viel gepriesen?

Ihr seht sie selbst, — ist sie Euch recht? —

Soll noch vom Lob ich überfliessen?

Gesteht, sie zieret ihr Geschlecht!

Mögst Du, mein Kind, dem Manne freundlich Dich erweisen!

Von Deinem Herzen auch spricht holde Gab' er an.

Reich' ihm die Hand, denn Bräutigam sollst Du ihn heissen;

Stimmst Du dem Vater bei, ist morgen er Dein Mann.

Sieh' dieses Band, sieh' diese Spangen!

Was er besitzt, macht dies gering.

Muss, theures Kind, Dich's nicht verlangen?

Dein ist es, wechselst Du den Ring?

Doch — Keines spricht. — Sollt' ich hier lästig sein?
So ist's! Am besten lass ich sie allein.
Mögst Du den edlen Mann gewinnen!
Glaub' mir, solch Glück wird nimmer neu.
Bleibt hier allein; ich geh' von hinnen.
Glaubt mir, wie schön, so ist sie treu!

HOLLAENDER.

Wie aus der Ferne längst vergang'ner Zeiten
Spricht dieses Mädchens Bild zu mir;
Wie ich geträumt seit langen Ewigkeiten,
Vor meinen Augen seh' ich's hier.
Wohl hob auch ich voll Sehnsucht meine Blicke
Aus tiefer Nacht empor zu einem Weib:
Ein schlagend Herz liess, ach! mir Satans Tücke.
Dass eingedenk ich meiner Qualen bleib'!
Die düst're Gluth, die hier ich fühle brennen,
Sollt' ich Unseliger sie Liebe nennen?
Ach nein! die Sehnsucht ist es nach dem Heil!
Würd' es durch solchen Engel mir zu Theil!

SENTA.

Versank ich jetzt in wunderbares Träumen,
Was ich erblicke, ist es Wahn? —

Weilt' ich bisher in trügerischen Räumen,
Brach des Erwachens Tag heut an? —
Er steht vor mir mit leidenvollen Zügen,
Es spricht sein unerhörter Gram zu mir;
Kann tiefen Mitleids Stimme mich belügen?
Wie ich ihn oft geseh'n, so steht er hier.

Die Schmerzen, die in meinem Busen brennen,
Ach! dies Verlangen, wie soll ich es nennen?
Wonach mit Sehnsucht es ihn treibt — das Heil,
Würd es, du Ärmster, dir durch mich zuteil!

HOLLAENDER.

Wirst Du des Vaters Wahl nicht schelten?
Was er versprach, wie? dürft' es gelten? —
Du könntest Dich für ewig mir ergeben,
Und Deine Hand dem Fremdling reichtest Du?
Soll finden ich nach qualenvollem Leben
In Deiner Treu' die lang ersehnte Ruh? —

SENTA.

Wer Du auch seist, und welches das Verderben,
Dem grausam Dich Dein Schicksal konnte weih'n:
Was auch das Loos, das ich mir sollt' erwerben:
Gehorsam stets werd' ich dem Vater sein.

HOLLAENDER.

So unbedingt, wie? könnte Dich durchdringen
Für meine Leiden tiefstes Mitgefühl?

SENTA.

O, welche Leiden! Könnt' ich Trost Dir bringen!

HOLLAENDER.

Welch holder Klang im mächtigen Gewühl! —
Du bist ein Engel! — Eines Engels Liebe
Verworf'ne selbst zu trösten weiss! —
Ach, wenn Erlösung mir zu hoffen bliebe,
Allewiger, durch diese sei's!

SENTA.

Ach! wenn Erlösung ihm zu hoffen bliebe,
Allewiger, durch mich nur sei's!

HOLLAENDER.

O könntest das Geschick Du ahnen,
Dem dann mit mir Du angehörst:
Dich würd' es an das Opfer mahnen,
Das Du mir bringst, wenn Treu' Du schwörst.
Es flöhe schaudernd Deine Jugend,
Dem Loose, dem Du sie willst weih'n:
Nennst Du des Weibes schönste Tugend,
Nennst heil'ge Treue Du nicht Dein!

SENTA.

Wohl kenn' ich Weibes hohe Pflichten, —
Sei d'rum getrost, unsel'ger Mann!
Lass über die das Schicksal richten,
Die seinem Spruche trotzen kann!
In meines Herzens höchster Reine
Kenn' ich der Treue Hochgebot:
Wem ich sie weih', schenk' ich die Eine;
Die Treue bis zum Tod!

HOLLAENDER.

Ein heil'ger Balsam meinen Wunden,
Dem Schwur, dem hohen Wort entfliesst!

SENTA.

Von mächt'gem Zauber überwunden,
Reisst mich's zu seiner Rettung fort:

HOLLAENDER.

Hört' es: mein Heil hab' ich gefunden,
Mächte, die ihr zurück mich stiess't!

Du Stern des Unheils, sollst erblassen!
Licht meiner Hoffnung, leuchte neu.

Ihr Engel, die mich einst verlassen,
Stärkt jetzt dies Herz in seiner Treu'!

SENTA.

Hier habe Heimath er gefunden,
Hier ruh' sein Schiff im ew'gen Port!
Was ist's, das mächtig in mir lebet?
Was schliesst berauscht mein Busen ein?
Allmächt'ger, was mich hoch erhebet,
Lass es die Kraft der Treue sein!

DALAND.

Verzeiht, mein Volk hält draussen sich mehr;
Nach jeder Rückkunft, wisset, giebt's ein Fest:—
Verschönern möcht' ich's, komme deshalb her,
Ob mit Verlobung sich's vereinen lässt? —
Ich denk', Ihr habt nach Herzenswunsch gefreit? —
Senta, mein Kind, sag', bist auch Du bereit? —

SENTA.

Hier meine Hand, und ohne Reu'
Bis in den Tod gelob' ich Treu'!

HOLLAENDER.

Sie reicht die Hand: gesprochen sei
Hohn Hölle dir, durch ihre Treu'!

DALAND.

Euch soll dies Bündniss nicht gereu'n!
Zum Fest! heut muss sich Alles freu'n!

DRITTER AKT.

ERSTE SCENE.

CHOR DER NORWEGISCHEN MATROSEN.

Steuermann, lass die Wacht!
Steuermann, her zu uns!
He! He! Je! Ha!
Hebt die Segel auf! Anker fest!
Steuermann, her! —
Fürchten weder Wind noch bösen Strand,

Wollen heute 'mal recht lustig sein!
Jeder hat sein Mädel auf dem Land,
Herrlichen Tabak und guten Branntewein.
Hussassahe!
Klipp' und Sturm draus —
Jallolohe!
Lachen wir aus!
Hussassahe!
Segel ein! Anker fest! Klipp' und Sturm lachen wir aus!
Steuermann her, trink' mit aus!

MAEDCHEN.

Nein! Seht doch an! Sie tanzen gar!
Der Mädchen bedarf's da nicht fürwahr!

MATROSEN.

He! Mädel! Halt! wo geht ihr hin?

MAEDCHEN.

Steht euch nach frischem Wein der Sinn?
Eu'r Nachbar dort soll auch was haben,
Ist Trank und Schmaus für euch allein?

STEUERMANN.

Fürwahr, trägt's hin den armen Knaben,
Vor Durst sie scheinen matt zu sein.

MATROSEN.

Man hört sie nicht?

STEUERMANN.

Ei, seht doch nur!
Kein Licht! Von der Mannschaft keine Spur.

MAEDCHEN.

He! Seeleut'! He! Wollt Fackeln ihr?
Wo seid ihr doch? Man sieht nicht hier.

MATROSEN.

Weckt sie nicht auf; sie schlafen noch.

MAEDCHEN.

He! Seeleut'! He! Antwortet doch!

STEUERMANN UND MATROSEN.

Haha! Wahrhaftig, sie sind todt.
Sie haben Speis' und Trank nicht noth.

MAEDCHEN.

Wie, Seeleute? Liegt Ihr so faul schon im Nest?
Ist heute für Euch denn nicht auch ein Fest?

STEUERMANN UND MATROSEN.

Sie liegen fest auf ihrem Platz,
Wie Drachen hüten sie den Schatz.

MAEDCHEN.

Wie, Seeleute? Wollt Ihr nicht goldenen Wein?
Ihr müsset wahrlich doch auch durstig sein.

STEUERMANN UND MATROSEN.

Sie trinken nicht, sie singen nicht,

In ihrem Schiffe brennt kein Licht.

MAEDCHEN.

Sagt, habt Ihr denn nicht auch ein Schätzchen am Land?

Wollt Ihr nicht mit tanzen auf freundlichem Strand?

MATROSEN.

Sie sind schon alt und bleich statt roth,

Und ihre Liebsten, die sind todt.

MAEDCHEN.

He, Seeleut'! Seeleut'! wacht doch auf!

Wir bringen Euch Speis' und Trank zu Hauf!

MATROSEN.

Sie bringen Euch Speis' und Trank zu Hauf!

MAEDCHEN.

Wahrhaftig! Ja, sie scheinen todt.

Sie haben Speis' und Trank nicht noth.

MATROSEN.

Vom fliegenden Holländer wisst Ihr ja!

Sein Schiff, wie es leibt, wie es lebt, seht Ihr da.

MAEDCHEN.

So wecket die Mannschaft ja nicht auf,

Gespenster sind's, wir schwören drauf!

MATROSEN.

Wie viel hundert Jahre schon seid Ihr zur See?

Euch thut ja der Sturm und die Klippe nicht weh!

MAEDCHEN.

Sie trinken nicht, sie singen nicht!

In ihrem Schiffe brennt kein Licht!

MATROSEN.

Habt Ihr keine Brief', keine Auftrag' für's Land?
Unsern Urgrossvätern wir bringen's zur Hand.

MAEDCHEN.

Sie sind schon alt und bleich statt roth;
Ach! ihre Liebsten, die sind todt!

MATROSEN.

Hei! Seeleute! Spannt Eure Segel doch auf!
Und zeigt uns des fliegenden Holländers Lauf!

MAEDCHEN.

Sie hören nicht, — uns graust es hier!
Sie wollen nichts, — was rufen wir?

MATROSEN.

Ihr Mädel, lasst die Todten ruh'n!
Lasst's uns Lebend'gen glücklich thun!

MAEDCHEN.

So nehmt, Eu'r Nachbar hat's verschmäht!

STEUERMANN UND MATROSEN.

Wie? Kommt Ihr denn nicht selbst an Bord?

MAEDCHEN.

Ei, jetzt noch nicht, es ist nicht spät.
Wir kommen bald, jetzt trinkt nur fort.
Und, wenn Ihr wollt, so tanzt dazu,
Nur lasst dem müden Nachbar Ruh'!

MATROSEN.

Juchhe! Juchhe! da giebt's die Fülle!
Ihr lieben Nachbarn, habet Dank!

STEUERMANN.

Zum Rand sein Glas ein Jeder fülle!
Lieb Nachbar liefert uns den Trank!

MATROSEN.

Halloho! Halloho! Ho! ho! ho!
Lieb Nachbarn, habt Ihr Stimm' und Sprach',
So wachet auf, und macht's uns nach!
Steuermann, lass die Wacht!
Steuermann, her zu uns!
Ho! He! Je! Ha!
Hisst die Segel auf! Anker fest! —
Steuermann, her! —
Wachten manche Nacht bei Sturm und Graus,
Tranken oft des Meer's gesalz'nes Nass; —
Heute wachen wir bei Saus und Schmaus,
Besseres Getränk giebt Mädel uns vom Fass!
Hussassahe!
Klipp' und Sturm draus! etc. etc.

CHOR DER MANNSCHAFT DES FLIEGENDEN HOLLAENDERS.

Johohe! Johohohoe! hohohohoe! Hoe! Hoe! Hoe!
Huissa!
Nach dem Land treibt des Sturm —
Huissa!
Segel ein! Anker los!
Huissa!
In die Bucht laufet ein!
Schwarzer Hauptmann, geh' an's Land!

Sieben Jahre sind vorbei;
Frei' um blonden Mädchens Hand;

Blondes Mädchen, sei ihm treu!

Lustig heut',

Bräutigam!

Sturmwind heult Brautmusik,

Ocean tanzt dazu.

Hui! — Horch, er pfeift!

— Capitän, bist wieder da? —

Hui! — „Segel auf." —

— Deine Braut, sag', wo sie blieb? —

Hui! „Auf in See!" —

Capitän! Capitän! Hast kein Glück in der Lieb'!

Hahaha!

Sause, Sturmwind, heule zu!

Uns'ren Segeln lässt du Ruh':

Satan hat sie uns gefeit,

Reissen nicht in Ewigkeit!

NORWEGISCHE MATROSEN.

Welcher Sang! Ist es Spuk? Wie mich's graut!

Stimmet an unser Lied! Singet laut!

Steuermann, lass die Wacht etc.

ZWEITE SCENE.

ERIK.

Was musst' ich hören? Gott! was musst' ich sehen!

Ist's Täuschung? Wahrheit? Ist es That?

SENTA.

Frag' nicht, Erik! Antwort darf ich nicht geben.

ERIK.

Gerechter Gott! Kein Zweifel! Es ist wahr!

Welch unheilvolle Macht riss Dich dahin?

Welche Gewalt verführte Dich so schnell,
Grausam zu brechen dieses treuste Herz?
Dein Vater? ha, den Bräut'gam bracht er mit, —
Wohl kannt' ich ihn, — mir ahnte, was geschieht.
Doch Du? Ist's möglich! — reichest Deine Hand
Dem Mann, der Deine Schwelle kaum betrat!

SENTA.

Nicht weiter! Schweig'! Ich muss! Ich muss!

ERIK.

O des Gehorsams, blind wie Deine That!
Den Wink des Vaters nanntest Du willkommen,
Mit *einem* Streich vernichtest Du mein Herz!

SENTA.

Nicht mehr! Nicht mehr! Ich darf dich nicht mehr seh'n!
Nicht an Dich denken. Hohe Pflicht gebeut's!

ERIK.

Welch hohe Pflicht? Ist *Höh're* nicht zu halten,
Was Du mir einst gelobet, ew'ge Treue?

SENTA.

Wie? Ew'ge Treue hätt' ich Dir gelobt?

ERIK.

Senta! O Senta! Läugnest Du?
Willst jenes Tags Du nicht Dich mehr entsinnen,
Als Du zu Dir mich riefest in das Thal?
Als, Dir des Hochlands Blume zu gewinnen,
Muthvoll ich trug Beschwerden ohne Zahl.
Gedenkst Du, wie auf steilem Felsenriffe
Vom Ufer wir den Vater scheiden sah'n?

Er zog dahin auf weiss beschwingtem Schiffe,
Und meinen Schutz vertraute er Dich an:—
Als sich Dein Arm um meinen Nacken schlang,
Gestandest Du mir Liebe nicht aufs Neu'?
Was bei der Hände Druck mich hehr durchdrang,
Sag', war's nicht die Versich'rung Deiner Treu'?

HOLLAENDER.

Verloren! Ach! verloren! Ewig verlor'nes Heil!

ERIK.

Was seh' ich? Gott!

HOLLAENDER.

Senta, leb' wohl!

SENTA.

Halt ein, Unsel'ger!

ERIK.

Was beginnst Du?

HOLLAENDER.

In See, in See!
In See für ew'ge Zeiten!
Um Deine Treue ist's gethan,
Um Deine Treue, um mein Heil.
Lebwohl, ich will dich nicht verderben!

ERIK.

Entsetzlich, dieser Blick!

SENTA.

Halt ein! Von dannen sollst Du nimmer flieh'n.

Der Holländer gibt ein gellendes Zeichen auf seiner Pfeife und ruft der Mannschaft seines Schiffes zu.

HOLLAENDER.

Segel auf! Anker los! Sagt Lebwohl auf Ewigkeit dem Lande!

SENTA.

Ha, zweifelst Du an meiner Treue?
Unseliger, — was verblendet Dich!
Halt ein! Halt ein! Halt ein!
Das Bündniss nicht bereue,
Was ich gelobte, halte ich.
Halt ein! Halt ein!

ERIK.

Was hör' ich, Gott, was muss ich sehn!
Muss ich dem Ohr, muss ich dem Auge traun!
Was hör' ich, Gott, Senta!
Willst Du zu Grunde gehen?
Zu mir, zu mir: Du bist in Satans Klau'n!

HOLLAENDER.

Erfahre das Geschick, vor dem ich Dich bewahr'!
Verdammt bin ich zum gräszlichsten der Loose!
Zehnfacher Tod wär' mir erwünschte Lust.
Vom Fluch ein Weib allein kann mich erlösen,
Ein Weib, das Treue bis in den Tod mir hält.
Wohl hast Du Treue mir gelobt,
Doch vor dem Ewigen noch nicht, dies rettet Dich!
Denn wiss'! Unselige, welches das Geschick,
Das Jene trifft, die mir die Treue brechen,
Ewige Verdammniss ist ihr Loos!
Zahllose Opfer fielen diesem Spruch durch mich.
Du aber sollst gerettet sein.
Lebwohl, fahr hin, mein Heil in Ewigkeit.

ERIK.

Zu Hülfe, rettet, rettet Sie!

SENTA.

Wohl kenn ich Dich! Wohl kenn ich Dein Geschick;

Ich kannte Dich, als ich zuerst Dich sah!

Das Ende Deiner Qual ist da!

Ich bin's, durch deren Treu Dein Heil Du finden sollst!

ERIK.

Helft Ihr, Sie ist verloren!

MARY.

Was erblicke ich?

DALAND.

Was erblicke ich? Gott!

HOLLAENDER.

Du kennst mich nicht, Du ahnst nicht, wer ich bin!

Befrage die Meere aller Zonen.

Befrage den Seemann, der den Ocean durchstrich;

Erkenn' dies Schiff, der Schrecken aller Frommen.

Den: „Fliegenden Holländer" nennt man mich.

DIE MANNSCHAFT DES FLIEGENDEN HOLLAENDERS.

Jo ho, hoe!

MARY, ERIK, DALAND.

Senta, Senta, was willst Du thun?

SENTA.

Preis Deinen Engel und sein Gebot,

Hier steh' ich treu Dir bis zum Tod.

(Sie stürzt sich in das Meer; — zugleich versinkt das Schiff des Holländers mit aller Mannschaft. Das Meer schwillt hoch auf und sinkt in einem Wirbel wieder zurück. Im

Glüroth der aufgehenden Sonne sieht man über den Trümmern des Schiffes die verklärten Gestalten Senta's und des Holländer's sich umschlungen haltend dem Meere entsteigen und aufwärts schweben.)

ENDE.